IMPORTANT INFORMAT

GW01311666

BUSINESS DETAILS			
BUSINESS NAME			
ADDRESS:			
EMAIL:			
PHONE:			
EMERGENCY CONTACT:		CONTACT NUMBER:	

BOOK INFORMATION			
CONTINUED FROM BOOK:		CONTINUED TO BOOK:	
BOOK START DATE:		BOOK END DATE:	

NOTES / IMPORTANT INFORMATION

IMPORTANT CONTACT DETAILS

NAME:	NUMBER:	EMAIL:
NAME:	NUMBER:	EMAIL:
NAME:	NUMBER:	EMAIL:
NAME:	NUMBER:	EMAIL:
NAME:	NUMBER:	EMAIL:
NAME:	NUMBER:	EMAIL:

CUSTOMER DETAILS

NAME	PHONE NUMBER	NAME	PHONE NUMBER

CUSTOMER DETAILS

NAME	PHONE NUMBER	NAME	PHONE NUMBER

8 AM	
9 AM	
10 AM	
11 AM	
12 PM	
1 PM	
2 PM	
3 PM	
4 PM	
5 PM	
6 PM	
7 PM	
8 PM	

DAY	
DATE	

PRIORITIES

MEDICAL NOTES

VICTORIES FOR TODAY

NOTES

8 AM	
9 AM	
10 AM	
11 AM	
12 PM	
1 PM	
2 PM	
3 PM	
4 PM	
5 PM	
6 PM	
7 PM	
8 PM	

DAY	
DATE	

PRIORITIES

MEDICAL NOTES

VICTORIES FOR TODAY

NOTES

8 AM	
9 AM	
10 AM	
11 AM	
12 PM	
1 PM	
2 PM	
3 PM	
4 PM	
5 PM	
6 PM	
7 PM	
8 PM	

DAY	
DATE	

PRIORITIES

MEDICAL NOTES

VICTORIES FOR TODAY

NOTES

8 AM	
9 AM	
10 AM	
11 AM	
12 PM	
1 PM	
2 PM	
3 PM	
4 PM	
5 PM	
6 PM	
7 PM	
8 PM	

DAY	
DATE	

PRIORITIES

MEDICAL NOTES

VICTORIES FOR TODAY

NOTES

8 AM	
9 AM	
10 AM	
11 AM	
12 PM	
1 PM	
2 PM	
3 PM	
4 PM	
5 PM	
6 PM	
7 PM	
8 PM	

DAY	
DATE	

PRIORITIES

MEDICAL NOTES

VICTORIES FOR TODAY

NOTES

8 AM	
9 AM	
10 AM	
11 AM	
12 PM	
1 PM	
2 PM	
3 PM	
4 PM	
5 PM	
6 PM	
7 PM	
8 PM	

DAY	
DATE	

PRIORITIES

MEDICAL NOTES

VICTORIES FOR TODAY

NOTES

8 AM	
9 AM	
10 AM	
11 AM	
12 PM	
1 PM	
2 PM	
3 PM	
4 PM	
5 PM	
6 PM	
7 PM	
8 PM	

DAY	
DATE	

PRIORITIES

MEDICAL NOTES

VICTORIES FOR TODAY

NOTES

8 AM	
9 AM	
10 AM	
11 AM	
12 PM	
1 PM	
2 PM	
3 PM	
4 PM	
5 PM	
6 PM	
7 PM	
8 PM	

DAY	
DATE	

PRIORITIES

MEDICAL NOTES

VICTORIES FOR TODAY

NOTES

8 AM	
9 AM	
10 AM	
11 AM	
12 PM	
1 PM	
2 PM	
3 PM	
4 PM	
5 PM	
6 PM	
7 PM	
8 PM	

DAY	
DATE	

PRIORITIES

MEDICAL NOTES

VICTORIES FOR TODAY

NOTES

8 AM	
9 AM	
10 AM	
11 AM	
12 PM	
1 PM	
2 PM	
3 PM	
4 PM	
5 PM	
6 PM	
7 PM	
8 PM	

DAY	
DATE	

PRIORITIES

MEDICAL NOTES

VICTORIES FOR TODAY

NOTES

8 AM	
9 AM	
10 AM	
11 AM	
12 PM	
1 PM	
2 PM	
3 PM	
4 PM	
5 PM	
6 PM	
7 PM	
8 PM	

DAY	
DATE	

PRIORITIES

MEDICAL NOTES

VICTORIES FOR TODAY

NOTES

8 AM	
9 AM	
10 AM	
11 AM	
12 PM	
1 PM	
2 PM	
3 PM	
4 PM	
5 PM	
6 PM	
7 PM	
8 PM	

DAY	
DATE	

PRIORITIES

MEDICAL NOTES

VICTORIES FOR TODAY

NOTES

8 AM	
9 AM	
10 AM	
11 AM	
12 PM	
1 PM	
2 PM	
3 PM	
4 PM	
5 PM	
6 PM	
7 PM	
8 PM	

DAY	
DATE	

PRIORITIES

MEDICAL NOTES

VICTORIES FOR TODAY

NOTES

8 AM	
9 AM	
10 AM	
11 AM	
12 PM	
1 PM	
2 PM	
3 PM	
4 PM	
5 PM	
6 PM	
7 PM	
8 PM	

DAY	
DATE	

PRIORITIES

MEDICAL NOTES

VICTORIES FOR TODAY

NOTES

8 AM	
9 AM	
10 AM	
11 AM	
12 PM	
1 PM	
2 PM	
3 PM	
4 PM	
5 PM	
6 PM	
7 PM	
8 PM	

DAY	
DATE	

PRIORITIES

MEDICAL NOTES

VICTORIES FOR TODAY

NOTES

8 AM	
9 AM	
10 AM	
11 AM	
12 PM	
1 PM	
2 PM	
3 PM	
4 PM	
5 PM	
6 PM	
7 PM	
8 PM	

DAY	
DATE	

PRIORITIES

MEDICAL NOTES

VICTORIES FOR TODAY

NOTES

8 AM	
9 AM	
10 AM	
11 AM	
12 PM	
1 PM	
2 PM	
3 PM	
4 PM	
5 PM	
6 PM	
7 PM	
8 PM	

DAY	
DATE	

PRIORITIES

MEDICAL NOTES

VICTORIES FOR TODAY

NOTES

8 AM	
9 AM	
10 AM	
11 AM	
12 PM	
1 PM	
2 PM	
3 PM	
4 PM	
5 PM	
6 PM	
7 PM	
8 PM	

DAY	
DATE	

PRIORITIES

MEDICAL NOTES

VICTORIES FOR TODAY

NOTES

8 AM	
9 AM	
10 AM	
11 AM	
12 PM	
1 PM	
2 PM	
3 PM	
4 PM	
5 PM	
6 PM	
7 PM	
8 PM	

DAY	
DATE	

PRIORITIES

MEDICAL NOTES

VICTORIES FOR TODAY

NOTES

8 AM	
9 AM	
10 AM	
11 AM	
12 PM	
1 PM	
2 PM	
3 PM	
4 PM	
5 PM	
6 PM	
7 PM	
8 PM	

DAY	
DATE	

PRIORITIES

MEDICAL NOTES

VICTORIES FOR TODAY

NOTES

8 AM	
9 AM	
10 AM	
11 AM	
12 PM	
1 PM	
2 PM	
3 PM	
4 PM	
5 PM	
6 PM	
7 PM	
8 PM	

DAY	
DATE	

PRIORITIES

MEDICAL NOTES

VICTORIES FOR TODAY

NOTES

8 AM	
9 AM	
10 AM	
11 AM	
12 PM	
1 PM	
2 PM	
3 PM	
4 PM	
5 PM	
6 PM	
7 PM	
8 PM	

DAY	
DATE	

PRIORITIES

MEDICAL NOTES

VICTORIES FOR TODAY

NOTES

8 AM	
9 AM	
10 AM	
11 AM	
12 PM	
1 PM	
2 PM	
3 PM	
4 PM	
5 PM	
6 PM	
7 PM	
8 PM	

DAY	
DATE	

PRIORITIES

MEDICAL NOTES

VICTORIES FOR TODAY

NOTES

8 AM	
9 AM	
10 AM	
11 AM	
12 PM	
1 PM	
2 PM	
3 PM	
4 PM	
5 PM	
6 PM	
7 PM	
8 PM	

DAY	
DATE	

PRIORITIES

MEDICAL NOTES

VICTORIES FOR TODAY

NOTES

8 AM	
9 AM	
10 AM	
11 AM	
12 PM	
1 PM	
2 PM	
3 PM	
4 PM	
5 PM	
6 PM	
7 PM	
8 PM	

DAY	
DATE	

PRIORITIES

MEDICAL NOTES

VICTORIES FOR TODAY

NOTES

8 AM	
9 AM	
10 AM	
11 AM	
12 PM	
1 PM	
2 PM	
3 PM	
4 PM	
5 PM	
6 PM	
7 PM	
8 PM	

DAY	
DATE	

PRIORITIES

MEDICAL NOTES

VICTORIES FOR TODAY

NOTES

8 AM	
9 AM	
10 AM	
11 AM	
12 PM	
1 PM	
2 PM	
3 PM	
4 PM	
5 PM	
6 PM	
7 PM	
8 PM	

DAY	
DATE	

PRIORITIES

MEDICAL NOTES

VICTORIES FOR TODAY

NOTES

8 AM	
9 AM	
10 AM	
11 AM	
12 PM	
1 PM	
2 PM	
3 PM	
4 PM	
5 PM	
6 PM	
7 PM	
8 PM	

DAY	
DATE	

PRIORITIES

MEDICAL NOTES

VICTORIES FOR TODAY

NOTES

8 AM	
9 AM	
10 AM	
11 AM	
12 PM	
1 PM	
2 PM	
3 PM	
4 PM	
5 PM	
6 PM	
7 PM	
8 PM	

DAY	
DATE	

PRIORITIES

MEDICAL NOTES

VICTORIES FOR TODAY

NOTES

8 AM	
9 AM	
10 AM	
11 AM	
12 PM	
1 PM	
2 PM	
3 PM	
4 PM	
5 PM	
6 PM	
7 PM	
8 PM	

DAY	
DATE	

PRIORITIES

MEDICAL NOTES

VICTORIES FOR TODAY

NOTES

8 AM	
9 AM	
10 AM	
11 AM	
12 PM	
1 PM	
2 PM	
3 PM	
4 PM	
5 PM	
6 PM	
7 PM	
8 PM	

DAY	
DATE	

PRIORITIES

MEDICAL NOTES

VICTORIES FOR TODAY

NOTES

8 AM	
9 AM	
10 AM	
11 AM	
12 PM	
1 PM	
2 PM	
3 PM	
4 PM	
5 PM	
6 PM	
7 PM	
8 PM	

DAY	
DATE	

PRIORITIES

MEDICAL NOTES

VICTORIES FOR TODAY

NOTES

8 AM	
9 AM	
10 AM	
11 AM	
12 PM	
1 PM	
2 PM	
3 PM	
4 PM	
5 PM	
6 PM	
7 PM	
8 PM	

DAY	
DATE	

PRIORITIES

MEDICAL NOTES

VICTORIES FOR TODAY

NOTES

8 AM	
9 AM	
10 AM	
11 AM	
12 PM	
1 PM	
2 PM	
3 PM	
4 PM	
5 PM	
6 PM	
7 PM	
8 PM	

DAY	
DATE	

PRIORITIES

MEDICAL NOTES

VICTORIES FOR TODAY

NOTES

8 AM	
9 AM	
10 AM	
11 AM	
12 PM	
1 PM	
2 PM	
3 PM	
4 PM	
5 PM	
6 PM	
7 PM	
8 PM	

DAY	
DATE	

PRIORITIES

MEDICAL NOTES

VICTORIES FOR TODAY

NOTES

8 AM	
9 AM	
10 AM	
11 AM	
12 PM	
1 PM	
2 PM	
3 PM	
4 PM	
5 PM	
6 PM	
7 PM	
8 PM	

DAY	
DATE	

PRIORITIES

MEDICAL NOTES

VICTORIES FOR TODAY

NOTES

8 AM	
9 AM	
10 AM	
11 AM	
12 PM	
1 PM	
2 PM	
3 PM	
4 PM	
5 PM	
6 PM	
7 PM	
8 PM	

DAY	
DATE	

PRIORITIES

MEDICAL NOTES

VICTORIES FOR TODAY

NOTES

8 AM	
9 AM	
10 AM	
11 AM	
12 PM	
1 PM	
2 PM	
3 PM	
4 PM	
5 PM	
6 PM	
7 PM	
8 PM	

DAY	
DATE	

PRIORITIES

MEDICAL NOTES

VICTORIES FOR TODAY

NOTES

8 AM	
9 AM	
10 AM	
11 AM	
12 PM	
1 PM	
2 PM	
3 PM	
4 PM	
5 PM	
6 PM	
7 PM	
8 PM	

DAY	
DATE	

PRIORITIES

MEDICAL NOTES

VICTORIES FOR TODAY

NOTES

8 AM	
9 AM	
10 AM	
11 AM	
12 PM	
1 PM	
2 PM	
3 PM	
4 PM	
5 PM	
6 PM	
7 PM	
8 PM	

DAY	
DATE	

PRIORITIES

MEDICAL NOTES

VICTORIES FOR TODAY

NOTES

8 AM	
9 AM	
10 AM	
11 AM	
12 PM	
1 PM	
2 PM	
3 PM	
4 PM	
5 PM	
6 PM	
7 PM	
8 PM	

DAY	
DATE	

PRIORITIES

MEDICAL NOTES

VICTORIES FOR TODAY

NOTES

8 AM	
9 AM	
10 AM	
11 AM	
12 PM	
1 PM	
2 PM	
3 PM	
4 PM	
5 PM	
6 PM	
7 PM	
8 PM	

DAY	
DATE	

PRIORITIES

MEDICAL NOTES

VICTORIES FOR TODAY

NOTES

8 AM	
9 AM	
10 AM	
11 AM	
12 PM	
1 PM	
2 PM	
3 PM	
4 PM	
5 PM	
6 PM	
7 PM	
8 PM	

DAY	
DATE	

PRIORITIES

MEDICAL NOTES

VICTORIES FOR TODAY

NOTES

8 AM	
9 AM	
10 AM	
11 AM	
12 PM	
1 PM	
2 PM	
3 PM	
4 PM	
5 PM	
6 PM	
7 PM	
8 PM	

DAY	
DATE	

PRIORITIES

MEDICAL NOTES

VICTORIES FOR TODAY

NOTES

8 AM	
9 AM	
10 AM	
11 AM	
12 PM	
1 PM	
2 PM	
3 PM	
4 PM	
5 PM	
6 PM	
7 PM	
8 PM	

DAY	
DATE	

PRIORITIES

MEDICAL NOTES

VICTORIES FOR TODAY

NOTES

8 AM	
9 AM	
10 AM	
11 AM	
12 PM	
1 PM	
2 PM	
3 PM	
4 PM	
5 PM	
6 PM	
7 PM	
8 PM	

DAY	
DATE	

PRIORITIES

MEDICAL NOTES

VICTORIES FOR TODAY

NOTES

8 AM	
9 AM	
10 AM	
11 AM	
12 PM	
1 PM	
2 PM	
3 PM	
4 PM	
5 PM	
6 PM	
7 PM	
8 PM	

DAY	
DATE	

PRIORITIES

MEDICAL NOTES

VICTORIES FOR TODAY

NOTES

8 AM	
9 AM	
10 AM	
11 AM	
12 PM	
1 PM	
2 PM	
3 PM	
4 PM	
5 PM	
6 PM	
7 PM	
8 PM	

DAY	
DATE	

PRIORITIES

MEDICAL NOTES

VICTORIES FOR TODAY

NOTES

8 AM	
9 AM	
10 AM	
11 AM	
12 PM	
1 PM	
2 PM	
3 PM	
4 PM	
5 PM	
6 PM	
7 PM	
8 PM	

DAY	
DATE	

PRIORITIES

MEDICAL NOTES

VICTORIES FOR TODAY

NOTES

8 AM	
9 AM	
10 AM	
11 AM	
12 PM	
1 PM	
2 PM	
3 PM	
4 PM	
5 PM	
6 PM	
7 PM	
8 PM	

DAY	
DATE	

PRIORITIES

MEDICAL NOTES

VICTORIES FOR TODAY

NOTES

8 AM	
9 AM	
10 AM	
11 AM	
12 PM	
1 PM	
2 PM	
3 PM	
4 PM	
5 PM	
6 PM	
7 PM	
8 PM	

DAY	
DATE	

PRIORITIES

MEDICAL NOTES

VICTORIES FOR TODAY

NOTES

8 AM	
9 AM	
10 AM	
11 AM	
12 PM	
1 PM	
2 PM	
3 PM	
4 PM	
5 PM	
6 PM	
7 PM	
8 PM	

DAY	
DATE	

PRIORITIES

MEDICAL NOTES

VICTORIES FOR TODAY

NOTES

8 AM	
9 AM	
10 AM	
11 AM	
12 PM	
1 PM	
2 PM	
3 PM	
4 PM	
5 PM	
6 PM	
7 PM	
8 PM	

DAY	
DATE	

PRIORITIES

MEDICAL NOTES

VICTORIES FOR TODAY

NOTES

8 AM	
9 AM	
10 AM	
11 AM	
12 PM	
1 PM	
2 PM	
3 PM	
4 PM	
5 PM	
6 PM	
7 PM	
8 PM	

DAY	
DATE	

PRIORITIES

MEDICAL NOTES

VICTORIES FOR TODAY

NOTES

8 AM	
9 AM	
10 AM	
11 AM	
12 PM	
1 PM	
2 PM	
3 PM	
4 PM	
5 PM	
6 PM	
7 PM	
8 PM	

DAY	
DATE	

PRIORITIES

MEDICAL NOTES

VICTORIES FOR TODAY

NOTES

8 AM	
9 AM	
10 AM	
11 AM	
12 PM	
1 PM	
2 PM	
3 PM	
4 PM	
5 PM	
6 PM	
7 PM	
8 PM	

DAY	
DATE	

PRIORITIES

MEDICAL NOTES

VICTORIES FOR TODAY

NOTES

8 AM	
9 AM	
10 AM	
11 AM	
12 PM	
1 PM	
2 PM	
3 PM	
4 PM	
5 PM	
6 PM	
7 PM	
8 PM	

DAY	
DATE	

PRIORITIES

MEDICAL NOTES

VICTORIES FOR TODAY

NOTES

8 AM	
9 AM	
10 AM	
11 AM	
12 PM	
1 PM	
2 PM	
3 PM	
4 PM	
5 PM	
6 PM	
7 PM	
8 PM	

DAY	
DATE	

PRIORITIES

MEDICAL NOTES

VICTORIES FOR TODAY

NOTES

8 AM	
9 AM	
10 AM	
11 AM	
12 PM	
1 PM	
2 PM	
3 PM	
4 PM	
5 PM	
6 PM	
7 PM	
8 PM	

DAY	
DATE	

PRIORITIES

MEDICAL NOTES

VICTORIES FOR TODAY

NOTES

8 AM	
9 AM	
10 AM	
11 AM	
12 PM	
1 PM	
2 PM	
3 PM	
4 PM	
5 PM	
6 PM	
7 PM	
8 PM	

DAY	
DATE	

PRIORITIES

MEDICAL NOTES

VICTORIES FOR TODAY

NOTES

DAY	
DATE	

PRIORITIES

MEDICAL NOTES

VICTORIES FOR TODAY

8 AM	
9 AM	
10 AM	
11 AM	
12 PM	
1 PM	
2 PM	
3 PM	
4 PM	
5 PM	
6 PM	
7 PM	
8 PM	

NOTES

8 AM	
9 AM	
10 AM	
11 AM	
12 PM	
1 PM	
2 PM	
3 PM	
4 PM	
5 PM	
6 PM	
7 PM	
8 PM	

DAY	
DATE	

PRIORITIES

MEDICAL NOTES

VICTORIES FOR TODAY

NOTES

8 AM	
9 AM	
10 AM	
11 AM	
12 PM	
1 PM	
2 PM	
3 PM	
4 PM	
5 PM	
6 PM	
7 PM	
8 PM	

DAY	
DATE	

PRIORITIES

MEDICAL NOTES

VICTORIES FOR TODAY

NOTES

8 AM	
9 AM	
10 AM	
11 AM	
12 PM	
1 PM	
2 PM	
3 PM	
4 PM	
5 PM	
6 PM	
7 PM	
8 PM	

DAY	
DATE	

PRIORITIES

MEDICAL NOTES

VICTORIES FOR TODAY

NOTES

8 AM	
9 AM	
10 AM	
11 AM	
12 PM	
1 PM	
2 PM	
3 PM	
4 PM	
5 PM	
6 PM	
7 PM	
8 PM	

DAY	
DATE	

PRIORITIES

MEDICAL NOTES

VICTORIES FOR TODAY

NOTES

8 AM	
9 AM	
10 AM	
11 AM	
12 PM	
1 PM	
2 PM	
3 PM	
4 PM	
5 PM	
6 PM	
7 PM	
8 PM	

DAY	
DATE	

PRIORITIES

MEDICAL NOTES

VICTORIES FOR TODAY

NOTES

8 AM	
9 AM	
10 AM	
11 AM	
12 PM	
1 PM	
2 PM	
3 PM	
4 PM	
5 PM	
6 PM	
7 PM	
8 PM	

DAY	
DATE	

PRIORITIES

MEDICAL NOTES

VICTORIES FOR TODAY

NOTES

8 AM	
9 AM	
10 AM	
11 AM	
12 PM	
1 PM	
2 PM	
3 PM	
4 PM	
5 PM	
6 PM	
7 PM	
8 PM	

DAY	
DATE	

PRIORITIES

MEDICAL NOTES

VICTORIES FOR TODAY

NOTES

8 AM	
9 AM	
10 AM	
11 AM	
12 PM	
1 PM	
2 PM	
3 PM	
4 PM	
5 PM	
6 PM	
7 PM	
8 PM	

DAY	
DATE	

PRIORITIES

MEDICAL NOTES

VICTORIES FOR TODAY

NOTES

DAY	
DATE	

PRIORITIES

MEDICAL NOTES

VICTORIES FOR TODAY

8 AM	
9 AM	
10 AM	
11 AM	
12 PM	
1 PM	
2 PM	
3 PM	
4 PM	
5 PM	
6 PM	
7 PM	
8 PM	

NOTES

8 AM	
9 AM	
10 AM	
11 AM	
12 PM	
1 PM	
2 PM	
3 PM	
4 PM	
5 PM	
6 PM	
7 PM	
8 PM	

DAY	
DATE	

PRIORITIES

MEDICAL NOTES

VICTORIES FOR TODAY

NOTES

DAY	
DATE	

8 AM	
9 AM	
10 AM	
11 AM	
12 PM	
1 PM	
2 PM	
3 PM	
4 PM	
5 PM	
6 PM	
7 PM	
8 PM	

PRIORITIES

MEDICAL NOTES

VICTORIES FOR TODAY

NOTES

8 AM	
9 AM	
10 AM	
11 AM	
12 PM	
1 PM	
2 PM	
3 PM	
4 PM	
5 PM	
6 PM	
7 PM	
8 PM	

DAY	
DATE	

PRIORITIES

MEDICAL NOTES

VICTORIES FOR TODAY

NOTES

8 AM	
9 AM	
10 AM	
11 AM	
12 PM	
1 PM	
2 PM	
3 PM	
4 PM	
5 PM	
6 PM	
7 PM	
8 PM	

DAY	
DATE	

PRIORITIES

MEDICAL NOTES

VICTORIES FOR TODAY

NOTES

8 AM	
9 AM	
10 AM	
11 AM	
12 PM	
1 PM	
2 PM	
3 PM	
4 PM	
5 PM	
6 PM	
7 PM	
8 PM	

DAY	
DATE	

PRIORITIES

MEDICAL NOTES

VICTORIES FOR TODAY

NOTES

8 AM	
9 AM	
10 AM	
11 AM	
12 PM	
1 PM	
2 PM	
3 PM	
4 PM	
5 PM	
6 PM	
7 PM	
8 PM	

DAY	
DATE	

PRIORITIES

MEDICAL NOTES

VICTORIES FOR TODAY

NOTES

8 AM	
9 AM	
10 AM	
11 AM	
12 PM	
1 PM	
2 PM	
3 PM	
4 PM	
5 PM	
6 PM	
7 PM	
8 PM	

DAY	
DATE	

PRIORITIES

MEDICAL NOTES

VICTORIES FOR TODAY

NOTES

8 AM	
9 AM	
10 AM	
11 AM	
12 PM	
1 PM	
2 PM	
3 PM	
4 PM	
5 PM	
6 PM	
7 PM	
8 PM	

DAY	
DATE	

PRIORITIES

MEDICAL NOTES

VICTORIES FOR TODAY

NOTES

8 AM	
9 AM	
10 AM	
11 AM	
12 PM	
1 PM	
2 PM	
3 PM	
4 PM	
5 PM	
6 PM	
7 PM	
8 PM	

DAY	
DATE	

PRIORITIES

MEDICAL NOTES

VICTORIES FOR TODAY

NOTES

8 AM	
9 AM	
10 AM	
11 AM	
12 PM	
1 PM	
2 PM	
3 PM	
4 PM	
5 PM	
6 PM	
7 PM	
8 PM	

DAY	
DATE	

PRIORITIES

MEDICAL NOTES

VICTORIES FOR TODAY

NOTES

8 AM	
9 AM	
10 AM	
11 AM	
12 PM	
1 PM	
2 PM	
3 PM	
4 PM	
5 PM	
6 PM	
7 PM	
8 PM	

DAY	
DATE	

PRIORITIES

MEDICAL NOTES

VICTORIES FOR TODAY

NOTES

8 AM	
9 AM	
10 AM	
11 AM	
12 PM	
1 PM	
2 PM	
3 PM	
4 PM	
5 PM	
6 PM	
7 PM	
8 PM	

DAY	
DATE	

PRIORITIES

MEDICAL NOTES

VICTORIES FOR TODAY

NOTES

8 AM	
9 AM	
10 AM	
11 AM	
12 PM	
1 PM	
2 PM	
3 PM	
4 PM	
5 PM	
6 PM	
7 PM	
8 PM	

DAY	
DATE	

PRIORITIES

MEDICAL NOTES

VICTORIES FOR TODAY

NOTES

8 AM	
9 AM	
10 AM	
11 AM	
12 PM	
1 PM	
2 PM	
3 PM	
4 PM	
5 PM	
6 PM	
7 PM	
8 PM	

DAY	
DATE	

PRIORITIES

MEDICAL NOTES

VICTORIES FOR TODAY

NOTES

8 AM	
9 AM	
10 AM	
11 AM	
12 PM	
1 PM	
2 PM	
3 PM	
4 PM	
5 PM	
6 PM	
7 PM	
8 PM	

DAY	
DATE	

PRIORITIES

MEDICAL NOTES

VICTORIES FOR TODAY

NOTES

8 AM	
9 AM	
10 AM	
11 AM	
12 PM	
1 PM	
2 PM	
3 PM	
4 PM	
5 PM	
6 PM	
7 PM	
8 PM	

DAY	
DATE	

PRIORITIES

MEDICAL NOTES

VICTORIES FOR TODAY

NOTES

8 AM	
9 AM	
10 AM	
11 AM	
12 PM	
1 PM	
2 PM	
3 PM	
4 PM	
5 PM	
6 PM	
7 PM	
8 PM	

DAY	
DATE	

PRIORITIES

MEDICAL NOTES

VICTORIES FOR TODAY

NOTES

8 AM	
9 AM	
10 AM	
11 AM	
12 PM	
1 PM	
2 PM	
3 PM	
4 PM	
5 PM	
6 PM	
7 PM	
8 PM	

DAY	
DATE	

PRIORITIES

MEDICAL NOTES

VICTORIES FOR TODAY

NOTES

8 AM	
9 AM	
10 AM	
11 AM	
12 PM	
1 PM	
2 PM	
3 PM	
4 PM	
5 PM	
6 PM	
7 PM	
8 PM	

DAY	
DATE	

PRIORITIES

MEDICAL NOTES

VICTORIES FOR TODAY

NOTES

8 AM	
9 AM	
10 AM	
11 AM	
12 PM	
1 PM	
2 PM	
3 PM	
4 PM	
5 PM	
6 PM	
7 PM	
8 PM	

DAY	
DATE	

PRIORITIES

MEDICAL NOTES

VICTORIES FOR TODAY

NOTES

8 AM	
9 AM	
10 AM	
11 AM	
12 PM	
1 PM	
2 PM	
3 PM	
4 PM	
5 PM	
6 PM	
7 PM	
8 PM	

DAY	
DATE	

PRIORITIES

MEDICAL NOTES

VICTORIES FOR TODAY

NOTES

8 AM	
9 AM	
10 AM	
11 AM	
12 PM	
1 PM	
2 PM	
3 PM	
4 PM	
5 PM	
6 PM	
7 PM	
8 PM	

DAY	
DATE	

PRIORITIES

MEDICAL NOTES

VICTORIES FOR TODAY

NOTES

8 AM	
9 AM	
10 AM	
11 AM	
12 PM	
1 PM	
2 PM	
3 PM	
4 PM	
5 PM	
6 PM	
7 PM	
8 PM	

DAY	
DATE	

PRIORITIES

MEDICAL NOTES

VICTORIES FOR TODAY

NOTES

8 AM	
9 AM	
10 AM	
11 AM	
12 PM	
1 PM	
2 PM	
3 PM	
4 PM	
5 PM	
6 PM	
7 PM	
8 PM	

DAY	
DATE	

PRIORITIES

MEDICAL NOTES

VICTORIES FOR TODAY

NOTES

8 AM	
9 AM	
10 AM	
11 AM	
12 PM	
1 PM	
2 PM	
3 PM	
4 PM	
5 PM	
6 PM	
7 PM	
8 PM	

DAY	
DATE	

PRIORITIES

MEDICAL NOTES

VICTORIES FOR TODAY

NOTES

8 AM

9 AM

10 AM

11 AM

12 PM

1 PM

2 PM

3 PM

4 PM

5 PM

6 PM

7 PM

8 PM

DAY	
DATE	

PRIORITIES

MEDICAL NOTES

VICTORIES FOR TODAY

NOTES

8 AM	
9 AM	
10 AM	
11 AM	
12 PM	
1 PM	
2 PM	
3 PM	
4 PM	
5 PM	
6 PM	
7 PM	
8 PM	

DAY	
DATE	

PRIORITIES

MEDICAL NOTES

VICTORIES FOR TODAY

NOTES

8 AM	
9 AM	
10 AM	
11 AM	
12 PM	
1 PM	
2 PM	
3 PM	
4 PM	
5 PM	
6 PM	
7 PM	
8 PM	

DAY	
DATE	

PRIORITIES

MEDICAL NOTES

VICTORIES FOR TODAY

NOTES

8 AM	
9 AM	
10 AM	
11 AM	
12 PM	
1 PM	
2 PM	
3 PM	
4 PM	
5 PM	
6 PM	
7 PM	
8 PM	

DAY	
DATE	

PRIORITIES

MEDICAL NOTES

VICTORIES FOR TODAY

NOTES

8 AM	
9 AM	
10 AM	
11 AM	
12 PM	
1 PM	
2 PM	
3 PM	
4 PM	
5 PM	
6 PM	
7 PM	
8 PM	

DAY	
DATE	

PRIORITIES

MEDICAL NOTES

VICTORIES FOR TODAY

NOTES

8 AM	
9 AM	
10 AM	
11 AM	
12 PM	
1 PM	
2 PM	
3 PM	
4 PM	
5 PM	
6 PM	
7 PM	
8 PM	

DAY	
DATE	

PRIORITIES

MEDICAL NOTES

VICTORIES FOR TODAY

NOTES

8 AM	
9 AM	
10 AM	
11 AM	
12 PM	
1 PM	
2 PM	
3 PM	
4 PM	
5 PM	
6 PM	
7 PM	
8 PM	

DAY	
DATE	

PRIORITIES

MEDICAL NOTES

VICTORIES FOR TODAY

NOTES

8 AM	
9 AM	
10 AM	
11 AM	
12 PM	
1 PM	
2 PM	
3 PM	
4 PM	
5 PM	
6 PM	
7 PM	
8 PM	

DAY	
DATE	

PRIORITIES

MEDICAL NOTES

VICTORIES FOR TODAY

NOTES

8 AM	
9 AM	
10 AM	
11 AM	
12 PM	
1 PM	
2 PM	
3 PM	
4 PM	
5 PM	
6 PM	
7 PM	
8 PM	

DAY	
DATE	

PRIORITIES

MEDICAL NOTES

VICTORIES FOR TODAY

NOTES

8 AM	
9 AM	
10 AM	
11 AM	
12 PM	
1 PM	
2 PM	
3 PM	
4 PM	
5 PM	
6 PM	
7 PM	
8 PM	

DAY	
DATE	

PRIORITIES

MEDICAL NOTES

VICTORIES FOR TODAY

NOTES

8 AM	
9 AM	
10 AM	
11 AM	
12 PM	
1 PM	
2 PM	
3 PM	
4 PM	
5 PM	
6 PM	
7 PM	
8 PM	

DAY	
DATE	

PRIORITIES

MEDICAL NOTES

VICTORIES FOR TODAY

NOTES

8 AM	
9 AM	
10 AM	
11 AM	
12 PM	
1 PM	
2 PM	
3 PM	
4 PM	
5 PM	
6 PM	
7 PM	
8 PM	

DAY	
DATE	

PRIORITIES

MEDICAL NOTES

VICTORIES FOR TODAY

NOTES

8 AM	
9 AM	
10 AM	
11 AM	
12 PM	
1 PM	
2 PM	
3 PM	
4 PM	
5 PM	
6 PM	
7 PM	
8 PM	

DAY	
DATE	

PRIORITIES

MEDICAL NOTES

VICTORIES FOR TODAY

NOTES

8 AM	
9 AM	
10 AM	
11 AM	
12 PM	
1 PM	
2 PM	
3 PM	
4 PM	
5 PM	
6 PM	
7 PM	
8 PM	

DAY	
DATE	

PRIORITIES

MEDICAL NOTES

VICTORIES FOR TODAY

NOTES

8 AM	
9 AM	
10 AM	
11 AM	
12 PM	
1 PM	
2 PM	
3 PM	
4 PM	
5 PM	
6 PM	
7 PM	
8 PM	

DAY	
DATE	

PRIORITIES

MEDICAL NOTES

VICTORIES FOR TODAY

NOTES

8 AM	
9 AM	
10 AM	
11 AM	
12 PM	
1 PM	
2 PM	
3 PM	
4 PM	
5 PM	
6 PM	
7 PM	
8 PM	

DAY	
DATE	

PRIORITIES

MEDICAL NOTES

VICTORIES FOR TODAY

NOTES

8 AM	
9 AM	
10 AM	
11 AM	
12 PM	
1 PM	
2 PM	
3 PM	
4 PM	
5 PM	
6 PM	
7 PM	
8 PM	

DAY	
DATE	

PRIORITIES

MEDICAL NOTES

VICTORIES FOR TODAY

NOTES

8 AM	
9 AM	
10 AM	
11 AM	
12 PM	
1 PM	
2 PM	
3 PM	
4 PM	
5 PM	
6 PM	
7 PM	
8 PM	

DAY	
DATE	

PRIORITIES

MEDICAL NOTES

VICTORIES FOR TODAY

NOTES

8 AM	
9 AM	
10 AM	
11 AM	
12 PM	
1 PM	
2 PM	
3 PM	
4 PM	
5 PM	
6 PM	
7 PM	
8 PM	

DAY	
DATE	

PRIORITIES

MEDICAL NOTES

VICTORIES FOR TODAY

NOTES

8 AM	
9 AM	
10 AM	
11 AM	
12 PM	
1 PM	
2 PM	
3 PM	
4 PM	
5 PM	
6 PM	
7 PM	
8 PM	

DAY	
DATE	

PRIORITIES

MEDICAL NOTES

VICTORIES FOR TODAY

NOTES

8 AM	
9 AM	
10 AM	
11 AM	
12 PM	
1 PM	
2 PM	
3 PM	
4 PM	
5 PM	
6 PM	
7 PM	
8 PM	

DAY	
DATE	

PRIORITIES

MEDICAL NOTES

VICTORIES FOR TODAY

NOTES

8 AM	
9 AM	
10 AM	
11 AM	
12 PM	
1 PM	
2 PM	
3 PM	
4 PM	
5 PM	
6 PM	
7 PM	
8 PM	

DAY	
DATE	

PRIORITIES

MEDICAL NOTES

VICTORIES FOR TODAY

NOTES

8 AM	
9 AM	
10 AM	
11 AM	
12 PM	
1 PM	
2 PM	
3 PM	
4 PM	
5 PM	
6 PM	
7 PM	
8 PM	

DAY	
DATE	

PRIORITIES

MEDICAL NOTES

VICTORIES FOR TODAY

NOTES

8 AM	
9 AM	
10 AM	
11 AM	
12 PM	
1 PM	
2 PM	
3 PM	
4 PM	
5 PM	
6 PM	
7 PM	
8 PM	

DAY	
DATE	

PRIORITIES

MEDICAL NOTES

VICTORIES FOR TODAY

NOTES

8 AM	
9 AM	
10 AM	
11 AM	
12 PM	
1 PM	
2 PM	
3 PM	
4 PM	
5 PM	
6 PM	
7 PM	
8 PM	

DAY	
DATE	

PRIORITIES

MEDICAL NOTES

VICTORIES FOR TODAY

NOTES

8 AM	
9 AM	
10 AM	
11 AM	
12 PM	
1 PM	
2 PM	
3 PM	
4 PM	
5 PM	
6 PM	
7 PM	
8 PM	

DAY	
DATE	

PRIORITIES

MEDICAL NOTES

VICTORIES FOR TODAY

NOTES

8 AM	
9 AM	
10 AM	
11 AM	
12 PM	
1 PM	
2 PM	
3 PM	
4 PM	
5 PM	
6 PM	
7 PM	
8 PM	

DAY	
DATE	

PRIORITIES

MEDICAL NOTES

VICTORIES FOR TODAY

NOTES

DAY	
DATE	

PRIORITIES

MEDICAL NOTES

VICTORIES FOR TODAY

8 AM	
9 AM	
10 AM	
11 AM	
12 PM	
1 PM	
2 PM	
3 PM	
4 PM	
5 PM	
6 PM	
7 PM	
8 PM	

NOTES

8 AM	
9 AM	
10 AM	
11 AM	
12 PM	
1 PM	
2 PM	
3 PM	
4 PM	
5 PM	
6 PM	
7 PM	
8 PM	

DAY	
DATE	

PRIORITIES

MEDICAL NOTES

VICTORIES FOR TODAY

NOTES

8 AM	
9 AM	
10 AM	
11 AM	
12 PM	
1 PM	
2 PM	
3 PM	
4 PM	
5 PM	
6 PM	
7 PM	
8 PM	

DAY	
DATE	

PRIORITIES

MEDICAL NOTES

VICTORIES FOR TODAY

NOTES

8 AM	
9 AM	
10 AM	
11 AM	
12 PM	
1 PM	
2 PM	
3 PM	
4 PM	
5 PM	
6 PM	
7 PM	
8 PM	

DAY	
DATE	

PRIORITIES

MEDICAL NOTES

VICTORIES FOR TODAY

NOTES

8 AM	
9 AM	
10 AM	
11 AM	
12 PM	
1 PM	
2 PM	
3 PM	
4 PM	
5 PM	
6 PM	
7 PM	
8 PM	

DAY	
DATE	

PRIORITIES

MEDICAL NOTES

VICTORIES FOR TODAY

NOTES

8 AM	
9 AM	
10 AM	
11 AM	
12 PM	
1 PM	
2 PM	
3 PM	
4 PM	
5 PM	
6 PM	
7 PM	
8 PM	

DAY	
DATE	

PRIORITIES

MEDICAL NOTES

VICTORIES FOR TODAY

NOTES

8 AM	
9 AM	
10 AM	
11 AM	
12 PM	
1 PM	
2 PM	
3 PM	
4 PM	
5 PM	
6 PM	
7 PM	
8 PM	

DAY	
DATE	

PRIORITIES

MEDICAL NOTES

VICTORIES FOR TODAY

NOTES

8 AM	
9 AM	
10 AM	
11 AM	
12 PM	
1 PM	
2 PM	
3 PM	
4 PM	
5 PM	
6 PM	
7 PM	
8 PM	

DAY	
DATE	

PRIORITIES

MEDICAL NOTES

VICTORIES FOR TODAY

NOTES

8 AM	
9 AM	
10 AM	
11 AM	
12 PM	
1 PM	
2 PM	
3 PM	
4 PM	
5 PM	
6 PM	
7 PM	
8 PM	

DAY	
DATE	

PRIORITIES

MEDICAL NOTES

VICTORIES FOR TODAY

NOTES

8 AM	
9 AM	
10 AM	
11 AM	
12 PM	
1 PM	
2 PM	
3 PM	
4 PM	
5 PM	
6 PM	
7 PM	
8 PM	

DAY	
DATE	

PRIORITIES

MEDICAL NOTES

VICTORIES FOR TODAY

NOTES

DAY	
DATE	

8 AM	
9 AM	
10 AM	
11 AM	
12 PM	
1 PM	
2 PM	
3 PM	
4 PM	
5 PM	
6 PM	
7 PM	
8 PM	

PRIORITIES

MEDICAL NOTES

VICTORIES FOR TODAY

NOTES

8 AM	
9 AM	
10 AM	
11 AM	
12 PM	
1 PM	
2 PM	
3 PM	
4 PM	
5 PM	
6 PM	
7 PM	
8 PM	

DAY	
DATE	

PRIORITIES

MEDICAL NOTES

VICTORIES FOR TODAY

NOTES

8 AM	
9 AM	
10 AM	
11 AM	
12 PM	
1 PM	
2 PM	
3 PM	
4 PM	
5 PM	
6 PM	
7 PM	
8 PM	

DAY	
DATE	

PRIORITIES

MEDICAL NOTES

VICTORIES FOR TODAY

NOTES

8 AM	
9 AM	
10 AM	
11 AM	
12 PM	
1 PM	
2 PM	
3 PM	
4 PM	
5 PM	
6 PM	
7 PM	
8 PM	

DAY	
DATE	

PRIORITIES

MEDICAL NOTES

VICTORIES FOR TODAY

NOTES

8 AM	
9 AM	
10 AM	
11 AM	
12 PM	
1 PM	
2 PM	
3 PM	
4 PM	
5 PM	
6 PM	
7 PM	
8 PM	

DAY	
DATE	

PRIORITIES

MEDICAL NOTES

VICTORIES FOR TODAY

NOTES

8 AM	
9 AM	
10 AM	
11 AM	
12 PM	
1 PM	
2 PM	
3 PM	
4 PM	
5 PM	
6 PM	
7 PM	
8 PM	

DAY	
DATE	

PRIORITIES

MEDICAL NOTES

VICTORIES FOR TODAY

NOTES

8 AM	
9 AM	
10 AM	
11 AM	
12 PM	
1 PM	
2 PM	
3 PM	
4 PM	
5 PM	
6 PM	
7 PM	
8 PM	

DAY	
DATE	

PRIORITIES

MEDICAL NOTES

VICTORIES FOR TODAY

NOTES

8 AM	
9 AM	
10 AM	
11 AM	
12 PM	
1 PM	
2 PM	
3 PM	
4 PM	
5 PM	
6 PM	
7 PM	
8 PM	

DAY	
DATE	

PRIORITIES

MEDICAL NOTES

VICTORIES FOR TODAY

NOTES

8 AM	
9 AM	
10 AM	
11 AM	
12 PM	
1 PM	
2 PM	
3 PM	
4 PM	
5 PM	
6 PM	
7 PM	
8 PM	

DAY	
DATE	

PRIORITIES

MEDICAL NOTES

VICTORIES FOR TODAY

NOTES

8 AM	
9 AM	
10 AM	
11 AM	
12 PM	
1 PM	
2 PM	
3 PM	
4 PM	
5 PM	
6 PM	
7 PM	
8 PM	

DAY	
DATE	

PRIORITIES

MEDICAL NOTES

VICTORIES FOR TODAY

NOTES

8 AM	
9 AM	
10 AM	
11 AM	
12 PM	
1 PM	
2 PM	
3 PM	
4 PM	
5 PM	
6 PM	
7 PM	
8 PM	

DAY	
DATE	

PRIORITIES

MEDICAL NOTES

VICTORIES FOR TODAY

NOTES

8 AM	
9 AM	
10 AM	
11 AM	
12 PM	
1 PM	
2 PM	
3 PM	
4 PM	
5 PM	
6 PM	
7 PM	
8 PM	

DAY	
DATE	

PRIORITIES

MEDICAL NOTES

VICTORIES FOR TODAY

NOTES

DAY	
DATE	

8 AM	
9 AM	
10 AM	
11 AM	
12 PM	
1 PM	
2 PM	
3 PM	
4 PM	
5 PM	
6 PM	
7 PM	
8 PM	

PRIORITIES

MEDICAL NOTES

VICTORIES FOR TODAY

NOTES

8 AM	
9 AM	
10 AM	
11 AM	
12 PM	
1 PM	
2 PM	
3 PM	
4 PM	
5 PM	
6 PM	
7 PM	
8 PM	

DAY	
DATE	

PRIORITIES

MEDICAL NOTES

VICTORIES FOR TODAY

NOTES

8 AM	
9 AM	
10 AM	
11 AM	
12 PM	
1 PM	
2 PM	
3 PM	
4 PM	
5 PM	
6 PM	
7 PM	
8 PM	

DAY	
DATE	

PRIORITIES

MEDICAL NOTES

VICTORIES FOR TODAY

NOTES

8 AM	
9 AM	
10 AM	
11 AM	
12 PM	
1 PM	
2 PM	
3 PM	
4 PM	
5 PM	
6 PM	
7 PM	
8 PM	

DAY	
DATE	

PRIORITIES

MEDICAL NOTES

VICTORIES FOR TODAY

NOTES

8 AM	
9 AM	
10 AM	
11 AM	
12 PM	
1 PM	
2 PM	
3 PM	
4 PM	
5 PM	
6 PM	
7 PM	
8 PM	

DAY	
DATE	

PRIORITIES

MEDICAL NOTES

VICTORIES FOR TODAY

NOTES

8 AM	
9 AM	
10 AM	
11 AM	
12 PM	
1 PM	
2 PM	
3 PM	
4 PM	
5 PM	
6 PM	
7 PM	
8 PM	

DAY	
DATE	

PRIORITIES

MEDICAL NOTES

VICTORIES FOR TODAY

NOTES

8 AM	
9 AM	
10 AM	
11 AM	
12 PM	
1 PM	
2 PM	
3 PM	
4 PM	
5 PM	
6 PM	
7 PM	
8 PM	

DAY	
DATE	

PRIORITIES

MEDICAL NOTES

VICTORIES FOR TODAY

NOTES

8 AM	
9 AM	
10 AM	
11 AM	
12 PM	
1 PM	
2 PM	
3 PM	
4 PM	
5 PM	
6 PM	
7 PM	
8 PM	

DAY	
DATE	

PRIORITIES

MEDICAL NOTES

VICTORIES FOR TODAY

NOTES

8 AM	
9 AM	
10 AM	
11 AM	
12 PM	
1 PM	
2 PM	
3 PM	
4 PM	
5 PM	
6 PM	
7 PM	
8 PM	

DAY	
DATE	

PRIORITIES

MEDICAL NOTES

VICTORIES FOR TODAY

NOTES

8 AM	
9 AM	
10 AM	
11 AM	
12 PM	
1 PM	
2 PM	
3 PM	
4 PM	
5 PM	
6 PM	
7 PM	
8 PM	

DAY	
DATE	

PRIORITIES

MEDICAL NOTES

VICTORIES FOR TODAY

NOTES

8 AM	
9 AM	
10 AM	
11 AM	
12 PM	
1 PM	
2 PM	
3 PM	
4 PM	
5 PM	
6 PM	
7 PM	
8 PM	

DAY	
DATE	

PRIORITIES

MEDICAL NOTES

VICTORIES FOR TODAY

NOTES

8 AM	
9 AM	
10 AM	
11 AM	
12 PM	
1 PM	
2 PM	
3 PM	
4 PM	
5 PM	
6 PM	
7 PM	
8 PM	

DAY	
DATE	

PRIORITIES

MEDICAL NOTES

VICTORIES FOR TODAY

NOTES

8 AM	
9 AM	
10 AM	
11 AM	
12 PM	
1 PM	
2 PM	
3 PM	
4 PM	
5 PM	
6 PM	
7 PM	
8 PM	

DAY	
DATE	

PRIORITIES

MEDICAL NOTES

VICTORIES FOR TODAY

NOTES

8 AM	
9 AM	
10 AM	
11 AM	
12 PM	
1 PM	
2 PM	
3 PM	
4 PM	
5 PM	
6 PM	
7 PM	
8 PM	

DAY	
DATE	

PRIORITIES

MEDICAL NOTES

VICTORIES FOR TODAY

NOTES

8 AM	
9 AM	
10 AM	
11 AM	
12 PM	
1 PM	
2 PM	
3 PM	
4 PM	
5 PM	
6 PM	
7 PM	
8 PM	

DAY	
DATE	

PRIORITIES

MEDICAL NOTES

VICTORIES FOR TODAY

NOTES

8 AM	
9 AM	
10 AM	
11 AM	
12 PM	
1 PM	
2 PM	
3 PM	
4 PM	
5 PM	
6 PM	
7 PM	
8 PM	

DAY	
DATE	

PRIORITIES

MEDICAL NOTES

VICTORIES FOR TODAY

NOTES

8 AM	
9 AM	
10 AM	
11 AM	
12 PM	
1 PM	
2 PM	
3 PM	
4 PM	
5 PM	
6 PM	
7 PM	
8 PM	

DAY	
DATE	

PRIORITIES

MEDICAL NOTES

VICTORIES FOR TODAY

NOTES

8 AM	
9 AM	
10 AM	
11 AM	
12 PM	
1 PM	
2 PM	
3 PM	
4 PM	
5 PM	
6 PM	
7 PM	
8 PM	

DAY	
DATE	

PRIORITIES

MEDICAL NOTES

VICTORIES FOR TODAY

NOTES

8 AM	
9 AM	
10 AM	
11 AM	
12 PM	
1 PM	
2 PM	
3 PM	
4 PM	
5 PM	
6 PM	
7 PM	
8 PM	

DAY	
DATE	

PRIORITIES

MEDICAL NOTES

VICTORIES FOR TODAY

NOTES

8 AM	
9 AM	
10 AM	
11 AM	
12 PM	
1 PM	
2 PM	
3 PM	
4 PM	
5 PM	
6 PM	
7 PM	
8 PM	

DAY	
DATE	

PRIORITIES

MEDICAL NOTES

VICTORIES FOR TODAY

NOTES

8 AM	
9 AM	
10 AM	
11 AM	
12 PM	
1 PM	
2 PM	
3 PM	
4 PM	
5 PM	
6 PM	
7 PM	
8 PM	

DAY	
DATE	

PRIORITIES

MEDICAL NOTES

VICTORIES FOR TODAY

NOTES

8 AM	
9 AM	
10 AM	
11 AM	
12 PM	
1 PM	
2 PM	
3 PM	
4 PM	
5 PM	
6 PM	
7 PM	
8 PM	

DAY	
DATE	

PRIORITIES

MEDICAL NOTES

VICTORIES FOR TODAY

NOTES

8 AM	
9 AM	
10 AM	
11 AM	
12 PM	
1 PM	
2 PM	
3 PM	
4 PM	
5 PM	
6 PM	
7 PM	
8 PM	

DAY	
DATE	

PRIORITIES

MEDICAL NOTES

VICTORIES FOR TODAY

NOTES

8 AM	
9 AM	
10 AM	
11 AM	
12 PM	
1 PM	
2 PM	
3 PM	
4 PM	
5 PM	
6 PM	
7 PM	
8 PM	

DAY	
DATE	

PRIORITIES

MEDICAL NOTES

VICTORIES FOR TODAY

NOTES

8 AM	
9 AM	
10 AM	
11 AM	
12 PM	
1 PM	
2 PM	
3 PM	
4 PM	
5 PM	
6 PM	
7 PM	
8 PM	

DAY	
DATE	

PRIORITIES

MEDICAL NOTES

VICTORIES FOR TODAY

NOTES

8 AM	
9 AM	
10 AM	
11 AM	
12 PM	
1 PM	
2 PM	
3 PM	
4 PM	
5 PM	
6 PM	
7 PM	
8 PM	

DAY	
DATE	

PRIORITIES

MEDICAL NOTES

VICTORIES FOR TODAY

NOTES

8 AM	
9 AM	
10 AM	
11 AM	
12 PM	
1 PM	
2 PM	
3 PM	
4 PM	
5 PM	
6 PM	
7 PM	
8 PM	

DAY	
DATE	

PRIORITIES

MEDICAL NOTES

VICTORIES FOR TODAY

NOTES

8 AM	
9 AM	
10 AM	
11 AM	
12 PM	
1 PM	
2 PM	
3 PM	
4 PM	
5 PM	
6 PM	
7 PM	
8 PM	

DAY	
DATE	

PRIORITIES

MEDICAL NOTES

VICTORIES FOR TODAY

NOTES

8 AM	
9 AM	
10 AM	
11 AM	
12 PM	
1 PM	
2 PM	
3 PM	
4 PM	
5 PM	
6 PM	
7 PM	
8 PM	

DAY	
DATE	

PRIORITIES

MEDICAL NOTES

VICTORIES FOR TODAY

NOTES

8 AM	
9 AM	
10 AM	
11 AM	
12 PM	
1 PM	
2 PM	
3 PM	
4 PM	
5 PM	
6 PM	
7 PM	
8 PM	

DAY	
DATE	

PRIORITIES

MEDICAL NOTES

VICTORIES FOR TODAY

NOTES

8 AM	
9 AM	
10 AM	
11 AM	
12 PM	
1 PM	
2 PM	
3 PM	
4 PM	
5 PM	
6 PM	
7 PM	
8 PM	

DAY	
DATE	

PRIORITIES

MEDICAL NOTES

VICTORIES FOR TODAY

NOTES

8 AM	
9 AM	
10 AM	
11 AM	
12 PM	
1 PM	
2 PM	
3 PM	
4 PM	
5 PM	
6 PM	
7 PM	
8 PM	

DAY	
DATE	

PRIORITIES

MEDICAL NOTES

VICTORIES FOR TODAY

NOTES

8 AM	
9 AM	
10 AM	
11 AM	
12 PM	
1 PM	
2 PM	
3 PM	
4 PM	
5 PM	
6 PM	
7 PM	
8 PM	

DAY	
DATE	

PRIORITIES

MEDICAL NOTES

VICTORIES FOR TODAY

NOTES

8 AM	
9 AM	
10 AM	
11 AM	
12 PM	
1 PM	
2 PM	
3 PM	
4 PM	
5 PM	
6 PM	
7 PM	
8 PM	

DAY	
DATE	

PRIORITIES

MEDICAL NOTES

VICTORIES FOR TODAY

NOTES

8 AM	
9 AM	
10 AM	
11 AM	
12 PM	
1 PM	
2 PM	
3 PM	
4 PM	
5 PM	
6 PM	
7 PM	
8 PM	

DAY	
DATE	

PRIORITIES

MEDICAL NOTES

VICTORIES FOR TODAY

NOTES

8 AM	
9 AM	
10 AM	
11 AM	
12 PM	
1 PM	
2 PM	
3 PM	
4 PM	
5 PM	
6 PM	
7 PM	
8 PM	

DAY	
DATE	

PRIORITIES

MEDICAL NOTES

VICTORIES FOR TODAY

NOTES

8 AM	
9 AM	
10 AM	
11 AM	
12 PM	
1 PM	
2 PM	
3 PM	
4 PM	
5 PM	
6 PM	
7 PM	
8 PM	

DAY	
DATE	

PRIORITIES

MEDICAL NOTES

VICTORIES FOR TODAY

NOTES

8 AM	
9 AM	
10 AM	
11 AM	
12 PM	
1 PM	
2 PM	
3 PM	
4 PM	
5 PM	
6 PM	
7 PM	
8 PM	

DAY	
DATE	

PRIORITIES

MEDICAL NOTES

VICTORIES FOR TODAY

NOTES

8 AM	
9 AM	
10 AM	
11 AM	
12 PM	
1 PM	
2 PM	
3 PM	
4 PM	
5 PM	
6 PM	
7 PM	
8 PM	

DAY	
DATE	

PRIORITIES

MEDICAL NOTES

VICTORIES FOR TODAY

NOTES

8 AM	
9 AM	
10 AM	
11 AM	
12 PM	
1 PM	
2 PM	
3 PM	
4 PM	
5 PM	
6 PM	
7 PM	
8 PM	

DAY	
DATE	

PRIORITIES

MEDICAL NOTES

VICTORIES FOR TODAY

NOTES

8 AM	
9 AM	
10 AM	
11 AM	
12 PM	
1 PM	
2 PM	
3 PM	
4 PM	
5 PM	
6 PM	
7 PM	
8 PM	

DAY	
DATE	

PRIORITIES

MEDICAL NOTES

VICTORIES FOR TODAY

NOTES

8 AM	
9 AM	
10 AM	
11 AM	
12 PM	
1 PM	
2 PM	
3 PM	
4 PM	
5 PM	
6 PM	
7 PM	
8 PM	

DAY	
DATE	

PRIORITIES

MEDICAL NOTES

VICTORIES FOR TODAY

NOTES

8 AM	
9 AM	
10 AM	
11 AM	
12 PM	
1 PM	
2 PM	
3 PM	
4 PM	
5 PM	
6 PM	
7 PM	
8 PM	

DAY	
DATE	

PRIORITIES

MEDICAL NOTES

VICTORIES FOR TODAY

NOTES

8 AM	
9 AM	
10 AM	
11 AM	
12 PM	
1 PM	
2 PM	
3 PM	
4 PM	
5 PM	
6 PM	
7 PM	
8 PM	

DAY	
DATE	

PRIORITIES

MEDICAL NOTES

VICTORIES FOR TODAY

NOTES

8 AM	
9 AM	
10 AM	
11 AM	
12 PM	
1 PM	
2 PM	
3 PM	
4 PM	
5 PM	
6 PM	
7 PM	
8 PM	

DAY	
DATE	

PRIORITIES

MEDICAL NOTES

VICTORIES FOR TODAY

NOTES

8 AM	
9 AM	
10 AM	
11 AM	
12 PM	
1 PM	
2 PM	
3 PM	
4 PM	
5 PM	
6 PM	
7 PM	
8 PM	

DAY	
DATE	

PRIORITIES

MEDICAL NOTES

VICTORIES FOR TODAY

NOTES

8 AM	
9 AM	
10 AM	
11 AM	
12 PM	
1 PM	
2 PM	
3 PM	
4 PM	
5 PM	
6 PM	
7 PM	
8 PM	

DAY	
DATE	

PRIORITIES

MEDICAL NOTES

VICTORIES FOR TODAY

NOTES

8 AM	
9 AM	
10 AM	
11 AM	
12 PM	
1 PM	
2 PM	
3 PM	
4 PM	
5 PM	
6 PM	
7 PM	
8 PM	

DAY	
DATE	

PRIORITIES

MEDICAL NOTES

VICTORIES FOR TODAY

NOTES

8 AM	
9 AM	
10 AM	
11 AM	
12 PM	
1 PM	
2 PM	
3 PM	
4 PM	
5 PM	
6 PM	
7 PM	
8 PM	

DAY	
DATE	

PRIORITIES

MEDICAL NOTES

VICTORIES FOR TODAY

NOTES

8 AM	
9 AM	
10 AM	
11 AM	
12 PM	
1 PM	
2 PM	
3 PM	
4 PM	
5 PM	
6 PM	
7 PM	
8 PM	

DAY	
DATE	

PRIORITIES

MEDICAL NOTES

VICTORIES FOR TODAY

NOTES

8 AM	
9 AM	
10 AM	
11 AM	
12 PM	
1 PM	
2 PM	
3 PM	
4 PM	
5 PM	
6 PM	
7 PM	
8 PM	

DAY	
DATE	

PRIORITIES

MEDICAL NOTES

VICTORIES FOR TODAY

NOTES

8 AM	
9 AM	
10 AM	
11 AM	
12 PM	
1 PM	
2 PM	
3 PM	
4 PM	
5 PM	
6 PM	
7 PM	
8 PM	

DAY	
DATE	

PRIORITIES

MEDICAL NOTES

VICTORIES FOR TODAY

NOTES

8 AM	
9 AM	
10 AM	
11 AM	
12 PM	
1 PM	
2 PM	
3 PM	
4 PM	
5 PM	
6 PM	
7 PM	
8 PM	

DAY	
DATE	

PRIORITIES

MEDICAL NOTES

VICTORIES FOR TODAY

NOTES

8 AM	
9 AM	
10 AM	
11 AM	
12 PM	
1 PM	
2 PM	
3 PM	
4 PM	
5 PM	
6 PM	
7 PM	
8 PM	

DAY	
DATE	

PRIORITIES

MEDICAL NOTES

VICTORIES FOR TODAY

NOTES

8 AM	
9 AM	
10 AM	
11 AM	
12 PM	
1 PM	
2 PM	
3 PM	
4 PM	
5 PM	
6 PM	
7 PM	
8 PM	

DAY	
DATE	

PRIORITIES

MEDICAL NOTES

VICTORIES FOR TODAY

NOTES

DAY	
DATE	

8 AM	
9 AM	
10 AM	
11 AM	
12 PM	
1 PM	
2 PM	
3 PM	
4 PM	
5 PM	
6 PM	
7 PM	
8 PM	

PRIORITIES

MEDICAL NOTES

VICTORIES FOR TODAY

NOTES

8 AM	
9 AM	
10 AM	
11 AM	
12 PM	
1 PM	
2 PM	
3 PM	
4 PM	
5 PM	
6 PM	
7 PM	
8 PM	

DAY	
DATE	

PRIORITIES

MEDICAL NOTES

VICTORIES FOR TODAY

NOTES

8 AM	
9 AM	
10 AM	
11 AM	
12 PM	
1 PM	
2 PM	
3 PM	
4 PM	
5 PM	
6 PM	
7 PM	
8 PM	

DAY	
DATE	

PRIORITIES

MEDICAL NOTES

VICTORIES FOR TODAY

NOTES

DAY	
DATE	

PRIORITIES

MEDICAL NOTES

VICTORIES FOR TODAY

8 AM	
9 AM	
10 AM	
11 AM	
12 PM	
1 PM	
2 PM	
3 PM	
4 PM	
5 PM	
6 PM	
7 PM	
8 PM	

NOTES

8 AM	
9 AM	
10 AM	
11 AM	
12 PM	
1 PM	
2 PM	
3 PM	
4 PM	
5 PM	
6 PM	
7 PM	
8 PM	

DAY	
DATE	

PRIORITIES

MEDICAL NOTES

VICTORIES FOR TODAY

NOTES

8 AM	
9 AM	
10 AM	
11 AM	
12 PM	
1 PM	
2 PM	
3 PM	
4 PM	
5 PM	
6 PM	
7 PM	
8 PM	

DAY	
DATE	

PRIORITIES

MEDICAL NOTES

VICTORIES FOR TODAY

NOTES

8 AM	
9 AM	
10 AM	
11 AM	
12 PM	
1 PM	
2 PM	
3 PM	
4 PM	
5 PM	
6 PM	
7 PM	
8 PM	

DAY	
DATE	

PRIORITIES

MEDICAL NOTES

VICTORIES FOR TODAY

NOTES

8 AM	
9 AM	
10 AM	
11 AM	
12 PM	
1 PM	
2 PM	
3 PM	
4 PM	
5 PM	
6 PM	
7 PM	
8 PM	

DAY	
DATE	

PRIORITIES

MEDICAL NOTES

VICTORIES FOR TODAY

NOTES

8 AM	
9 AM	
10 AM	
11 AM	
12 PM	
1 PM	
2 PM	
3 PM	
4 PM	
5 PM	
6 PM	
7 PM	
8 PM	

DAY	
DATE	

PRIORITIES

MEDICAL NOTES

VICTORIES FOR TODAY

NOTES

8 AM	
9 AM	
10 AM	
11 AM	
12 PM	
1 PM	
2 PM	
3 PM	
4 PM	
5 PM	
6 PM	
7 PM	
8 PM	

DAY	
DATE	

PRIORITIES

MEDICAL NOTES

VICTORIES FOR TODAY

NOTES

8 AM	
9 AM	
10 AM	
11 AM	
12 PM	
1 PM	
2 PM	
3 PM	
4 PM	
5 PM	
6 PM	
7 PM	
8 PM	

DAY	
DATE	

PRIORITIES

MEDICAL NOTES

VICTORIES FOR TODAY

NOTES

8 AM	
9 AM	
10 AM	
11 AM	
12 PM	
1 PM	
2 PM	
3 PM	
4 PM	
5 PM	
6 PM	
7 PM	
8 PM	

DAY	
DATE	

PRIORITIES

MEDICAL NOTES

VICTORIES FOR TODAY

NOTES

8 AM	
9 AM	
10 AM	
11 AM	
12 PM	
1 PM	
2 PM	
3 PM	
4 PM	
5 PM	
6 PM	
7 PM	
8 PM	

DAY	
DATE	

PRIORITIES

MEDICAL NOTES

VICTORIES FOR TODAY

NOTES

8 AM	
9 AM	
10 AM	
11 AM	
12 PM	
1 PM	
2 PM	
3 PM	
4 PM	
5 PM	
6 PM	
7 PM	
8 PM	

DAY	
DATE	

PRIORITIES

MEDICAL NOTES

VICTORIES FOR TODAY

NOTES

8 AM	
9 AM	
10 AM	
11 AM	
12 PM	
1 PM	
2 PM	
3 PM	
4 PM	
5 PM	
6 PM	
7 PM	
8 PM	

DAY	
DATE	

PRIORITIES

MEDICAL NOTES

VICTORIES FOR TODAY

NOTES

8 AM	
9 AM	
10 AM	
11 AM	
12 PM	
1 PM	
2 PM	
3 PM	
4 PM	
5 PM	
6 PM	
7 PM	
8 PM	

DAY	
DATE	

PRIORITIES

MEDICAL NOTES

VICTORIES FOR TODAY

NOTES

8 AM	
9 AM	
10 AM	
11 AM	
12 PM	
1 PM	
2 PM	
3 PM	
4 PM	
5 PM	
6 PM	
7 PM	
8 PM	

DAY	
DATE	

PRIORITIES

MEDICAL NOTES

VICTORIES FOR TODAY

NOTES

8 AM	
9 AM	
10 AM	
11 AM	
12 PM	
1 PM	
2 PM	
3 PM	
4 PM	
5 PM	
6 PM	
7 PM	
8 PM	

DAY	
DATE	

PRIORITIES

MEDICAL NOTES

VICTORIES FOR TODAY

NOTES

8 AM	
9 AM	
10 AM	
11 AM	
12 PM	
1 PM	
2 PM	
3 PM	
4 PM	
5 PM	
6 PM	
7 PM	
8 PM	

DAY	
DATE	

PRIORITIES

MEDICAL NOTES

VICTORIES FOR TODAY

NOTES

8 AM	
9 AM	
10 AM	
11 AM	
12 PM	
1 PM	
2 PM	
3 PM	
4 PM	
5 PM	
6 PM	
7 PM	
8 PM	

DAY	
DATE	

PRIORITIES

MEDICAL NOTES

VICTORIES FOR TODAY

NOTES

DAY	
DATE	

8 AM	
9 AM	
10 AM	
11 AM	
12 PM	
1 PM	
2 PM	
3 PM	
4 PM	
5 PM	
6 PM	
7 PM	
8 PM	

PRIORITIES

MEDICAL NOTES

VICTORIES FOR TODAY

NOTES

8 AM	
9 AM	
10 AM	
11 AM	
12 PM	
1 PM	
2 PM	
3 PM	
4 PM	
5 PM	
6 PM	
7 PM	
8 PM	

DAY	
DATE	

PRIORITIES

MEDICAL NOTES

VICTORIES FOR TODAY

NOTES

8 AM	
9 AM	
10 AM	
11 AM	
12 PM	
1 PM	
2 PM	
3 PM	
4 PM	
5 PM	
6 PM	
7 PM	
8 PM	

DAY	
DATE	

PRIORITIES

MEDICAL NOTES

VICTORIES FOR TODAY

NOTES

DAY	
DATE	

8 AM	
9 AM	
10 AM	
11 AM	
12 PM	
1 PM	
2 PM	
3 PM	
4 PM	
5 PM	
6 PM	
7 PM	
8 PM	

PRIORITIES

MEDICAL NOTES

VICTORIES FOR TODAY

NOTES

8 AM	
9 AM	
10 AM	
11 AM	
12 PM	
1 PM	
2 PM	
3 PM	
4 PM	
5 PM	
6 PM	
7 PM	
8 PM	

DAY	
DATE	

PRIORITIES

MEDICAL NOTES

VICTORIES FOR TODAY

NOTES

8 AM	
9 AM	
10 AM	
11 AM	
12 PM	
1 PM	
2 PM	
3 PM	
4 PM	
5 PM	
6 PM	
7 PM	
8 PM	

DAY	
DATE	

PRIORITIES

MEDICAL NOTES

VICTORIES FOR TODAY

NOTES

8 AM	
9 AM	
10 AM	
11 AM	
12 PM	
1 PM	
2 PM	
3 PM	
4 PM	
5 PM	
6 PM	
7 PM	
8 PM	

DAY	
DATE	

PRIORITIES

MEDICAL NOTES

VICTORIES FOR TODAY

NOTES

8 AM	
9 AM	
10 AM	
11 AM	
12 PM	
1 PM	
2 PM	
3 PM	
4 PM	
5 PM	
6 PM	
7 PM	
8 PM	

DAY	
DATE	

PRIORITIES

MEDICAL NOTES

VICTORIES FOR TODAY

NOTES

8 AM	
9 AM	
10 AM	
11 AM	
12 PM	
1 PM	
2 PM	
3 PM	
4 PM	
5 PM	
6 PM	
7 PM	
8 PM	

DAY	
DATE	

PRIORITIES

MEDICAL NOTES

VICTORIES FOR TODAY

NOTES

8 AM	
9 AM	
10 AM	
11 AM	
12 PM	
1 PM	
2 PM	
3 PM	
4 PM	
5 PM	
6 PM	
7 PM	
8 PM	

DAY	
DATE	

PRIORITIES

MEDICAL NOTES

VICTORIES FOR TODAY

NOTES

8 AM	
9 AM	
10 AM	
11 AM	
12 PM	
1 PM	
2 PM	
3 PM	
4 PM	
5 PM	
6 PM	
7 PM	
8 PM	

DAY	
DATE	

PRIORITIES

MEDICAL NOTES

VICTORIES FOR TODAY

NOTES

8 AM	
9 AM	
10 AM	
11 AM	
12 PM	
1 PM	
2 PM	
3 PM	
4 PM	
5 PM	
6 PM	
7 PM	
8 PM	

DAY	
DATE	

PRIORITIES

MEDICAL NOTES

VICTORIES FOR TODAY

NOTES

8 AM	
9 AM	
10 AM	
11 AM	
12 PM	
1 PM	
2 PM	
3 PM	
4 PM	
5 PM	
6 PM	
7 PM	
8 PM	

DAY	
DATE	

PRIORITIES

MEDICAL NOTES

VICTORIES FOR TODAY

NOTES

8 AM	
9 AM	
10 AM	
11 AM	
12 PM	
1 PM	
2 PM	
3 PM	
4 PM	
5 PM	
6 PM	
7 PM	
8 PM	

DAY	
DATE	

PRIORITIES

MEDICAL NOTES

VICTORIES FOR TODAY

NOTES

8 AM	
9 AM	
10 AM	
11 AM	
12 PM	
1 PM	
2 PM	
3 PM	
4 PM	
5 PM	
6 PM	
7 PM	
8 PM	

DAY	
DATE	

PRIORITIES

MEDICAL NOTES

VICTORIES FOR TODAY

NOTES

8 AM	
9 AM	
10 AM	
11 AM	
12 PM	
1 PM	
2 PM	
3 PM	
4 PM	
5 PM	
6 PM	
7 PM	
8 PM	

DAY	
DATE	

PRIORITIES

MEDICAL NOTES

VICTORIES FOR TODAY

NOTES

8 AM	
9 AM	
10 AM	
11 AM	
12 PM	
1 PM	
2 PM	
3 PM	
4 PM	
5 PM	
6 PM	
7 PM	
8 PM	

DAY	
DATE	

PRIORITIES

MEDICAL NOTES

VICTORIES FOR TODAY

NOTES

8 AM	
9 AM	
10 AM	
11 AM	
12 PM	
1 PM	
2 PM	
3 PM	
4 PM	
5 PM	
6 PM	
7 PM	
8 PM	

DAY	
DATE	

PRIORITIES

MEDICAL NOTES

VICTORIES FOR TODAY

NOTES

8 AM	
9 AM	
10 AM	
11 AM	
12 PM	
1 PM	
2 PM	
3 PM	
4 PM	
5 PM	
6 PM	
7 PM	
8 PM	

DAY	
DATE	

PRIORITIES

MEDICAL NOTES

VICTORIES FOR TODAY

NOTES

8 AM	
9 AM	
10 AM	
11 AM	
12 PM	
1 PM	
2 PM	
3 PM	
4 PM	
5 PM	
6 PM	
7 PM	
8 PM	

DAY	
DATE	

PRIORITIES

MEDICAL NOTES

VICTORIES FOR TODAY

NOTES

8 AM	
9 AM	
10 AM	
11 AM	
12 PM	
1 PM	
2 PM	
3 PM	
4 PM	
5 PM	
6 PM	
7 PM	
8 PM	

DAY	
DATE	

PRIORITIES

MEDICAL NOTES

VICTORIES FOR TODAY

NOTES

8 AM	
9 AM	
10 AM	
11 AM	
12 PM	
1 PM	
2 PM	
3 PM	
4 PM	
5 PM	
6 PM	
7 PM	
8 PM	

DAY	
DATE	

PRIORITIES

MEDICAL NOTES

VICTORIES FOR TODAY

NOTES

8 AM	
9 AM	
10 AM	
11 AM	
12 PM	
1 PM	
2 PM	
3 PM	
4 PM	
5 PM	
6 PM	
7 PM	
8 PM	

DAY	
DATE	

PRIORITIES

MEDICAL NOTES

VICTORIES FOR TODAY

NOTES

8 AM	
9 AM	
10 AM	
11 AM	
12 PM	
1 PM	
2 PM	
3 PM	
4 PM	
5 PM	
6 PM	
7 PM	
8 PM	

DAY	
DATE	

PRIORITIES

MEDICAL NOTES

VICTORIES FOR TODAY

NOTES

8 AM	
9 AM	
10 AM	
11 AM	
12 PM	
1 PM	
2 PM	
3 PM	
4 PM	
5 PM	
6 PM	
7 PM	
8 PM	

DAY	
DATE	

PRIORITIES

MEDICAL NOTES

VICTORIES FOR TODAY

NOTES

8 AM	
9 AM	
10 AM	
11 AM	
12 PM	
1 PM	
2 PM	
3 PM	
4 PM	
5 PM	
6 PM	
7 PM	
8 PM	

DAY	
DATE	

PRIORITIES

MEDICAL NOTES

VICTORIES FOR TODAY

NOTES

8 AM	
9 AM	
10 AM	
11 AM	
12 PM	
1 PM	
2 PM	
3 PM	
4 PM	
5 PM	
6 PM	
7 PM	
8 PM	

DAY	
DATE	

PRIORITIES

MEDICAL NOTES

VICTORIES FOR TODAY

NOTES

8 AM	
9 AM	
10 AM	
11 AM	
12 PM	
1 PM	
2 PM	
3 PM	
4 PM	
5 PM	
6 PM	
7 PM	
8 PM	

DAY	
DATE	

PRIORITIES

MEDICAL NOTES

VICTORIES FOR TODAY

NOTES

8 AM	
9 AM	
10 AM	
11 AM	
12 PM	
1 PM	
2 PM	
3 PM	
4 PM	
5 PM	
6 PM	
7 PM	
8 PM	

DAY	
DATE	

PRIORITIES

MEDICAL NOTES

VICTORIES FOR TODAY

NOTES

8 AM	
9 AM	
10 AM	
11 AM	
12 PM	
1 PM	
2 PM	
3 PM	
4 PM	
5 PM	
6 PM	
7 PM	
8 PM	

DAY	
DATE	

PRIORITIES

MEDICAL NOTES

VICTORIES FOR TODAY

NOTES

8 AM	
9 AM	
10 AM	
11 AM	
12 PM	
1 PM	
2 PM	
3 PM	
4 PM	
5 PM	
6 PM	
7 PM	
8 PM	

DAY	
DATE	

PRIORITIES

MEDICAL NOTES

VICTORIES FOR TODAY

NOTES

8 AM	
9 AM	
10 AM	
11 AM	
12 PM	
1 PM	
2 PM	
3 PM	
4 PM	
5 PM	
6 PM	
7 PM	
8 PM	

DAY	
DATE	

PRIORITIES

MEDICAL NOTES

VICTORIES FOR TODAY

NOTES

DAY	
DATE	

PRIORITIES

MEDICAL NOTES

VICTORIES FOR TODAY

8 AM	
9 AM	
10 AM	
11 AM	
12 PM	
1 PM	
2 PM	
3 PM	
4 PM	
5 PM	
6 PM	
7 PM	
8 PM	

NOTES

8 AM	
9 AM	
10 AM	
11 AM	
12 PM	
1 PM	
2 PM	
3 PM	
4 PM	
5 PM	
6 PM	
7 PM	
8 PM	

DAY	
DATE	

PRIORITIES

MEDICAL NOTES

VICTORIES FOR TODAY

NOTES

8 AM	
9 AM	
10 AM	
11 AM	
12 PM	
1 PM	
2 PM	
3 PM	
4 PM	
5 PM	
6 PM	
7 PM	
8 PM	

DAY	
DATE	

PRIORITIES

MEDICAL NOTES

VICTORIES FOR TODAY

NOTES

8 AM	
9 AM	
10 AM	
11 AM	
12 PM	
1 PM	
2 PM	
3 PM	
4 PM	
5 PM	
6 PM	
7 PM	
8 PM	

DAY	
DATE	

PRIORITIES

MEDICAL NOTES

VICTORIES FOR TODAY

NOTES

8 AM	
9 AM	
10 AM	
11 AM	
12 PM	
1 PM	
2 PM	
3 PM	
4 PM	
5 PM	
6 PM	
7 PM	
8 PM	

DAY	
DATE	

PRIORITIES

MEDICAL NOTES

VICTORIES FOR TODAY

NOTES

8 AM	
9 AM	
10 AM	
11 AM	
12 PM	
1 PM	
2 PM	
3 PM	
4 PM	
5 PM	
6 PM	
7 PM	
8 PM	

DAY	
DATE	

PRIORITIES

MEDICAL NOTES

VICTORIES FOR TODAY

NOTES

8 AM	
9 AM	
10 AM	
11 AM	
12 PM	
1 PM	
2 PM	
3 PM	
4 PM	
5 PM	
6 PM	
7 PM	
8 PM	

DAY	
DATE	

PRIORITIES

MEDICAL NOTES

VICTORIES FOR TODAY

NOTES

8 AM	
9 AM	
10 AM	
11 AM	
12 PM	
1 PM	
2 PM	
3 PM	
4 PM	
5 PM	
6 PM	
7 PM	
8 PM	

DAY	
DATE	

PRIORITIES

MEDICAL NOTES

VICTORIES FOR TODAY

NOTES

8 AM	
9 AM	
10 AM	
11 AM	
12 PM	
1 PM	
2 PM	
3 PM	
4 PM	
5 PM	
6 PM	
7 PM	
8 PM	

DAY	
DATE	

PRIORITIES

MEDICAL NOTES

VICTORIES FOR TODAY

NOTES

8 AM	
9 AM	
10 AM	
11 AM	
12 PM	
1 PM	
2 PM	
3 PM	
4 PM	
5 PM	
6 PM	
7 PM	
8 PM	

DAY	
DATE	

PRIORITIES

MEDICAL NOTES

VICTORIES FOR TODAY

NOTES

Printed in Great Britain
by Amazon

73717327R00154